HISTOIRE

D'UN LIVRE

PAR

F. DE SAULCY

MEMBRE DE L'INSTITUT

PARIS

IMPRIMERIE-LIBRAIRIE DE L'ŒUVRE DE SAINT-PAUL

Soussens et Cⁱᵉ, 51, rue de Lille.

1880

HISTOIRE

D'UN LIVRE

HISTOIRE

D'UN LIVRE

PAR

F. DE SAULCY

MEMBRE DE L'INSTITUT

PARIS

IMPRIMERIE-LIBRAIRIE DE L'ŒUVRE DE SAINT-PAUL

Soussens et Cie, 51, rue de Lille

1880

HISTOIRE D'UN LIVRE

C'est une bien singulière histoire que celle que je vais raconter le plus brièvement possible.

Il y a dix ans de cela : renvoyé à *mes chères études*, par les évènements qui me rendaient en loisirs ce qu'ils me prenaient en revenus, je compris bien vite qu'il fallait utiliser ces loisirs, et me jeter à corps perdu dans des recherches longues et difficiles, afin de supporter bravement le coup qui me frappait.

Je me mis donc à l'œuvre. Je commençai la chasse aux documents concernant l'histoire monétaire des Rois de la troisième race, et je ne me dissimulai pas la longueur du temps qu'il me faudrait dépenser, pour arriver à recueillir tous les éléments du répertoire que j'espérais mettre entre les mains des numismatistes.

Il serait superflu, je pense, d'insister sur l'utilité d'un pareil travail : tous ceux qui ont été réduits à consulter le livre de Leblanc, quelque bon qu'il soit, devaient apprécier la valeur de l'œuvre que j'allais entreprendre ; j'étais sûr à l'avance de leur gratitude, et c'était, à vrai dire, la seule récompense que je me flattais d'obtenir.

Plus de six années furent obstinément consa-
crées à l'épuisement de toutes les sources que
j'entendais exploiter : documents officiels, authentiques, douteux, ou même apocryphes, furent
colligés et classés, afin d'être soumis en bloc à
l'examen de tous ceux que la science numismatique intéressait. Discuter moi-même leur valeur,
en groupant et en publiant ces documents de
diverses natures, c'eût été m'astreindre à écrire
des volumes de plus. Je m'en dispensai donc, en
espérant que tous ceux qui se serviraient du gros
livre que j'avais rêvé de mettre au jour, me sau-
raient gré d'avoir compté sur leur intelligence et
leur sagacité, pour opérer la séparation de l'ivraie
du bon grain.

Une fois mon recueil terminé, après plus de
six années de travail assidu, je le répète, je dus
reconnaître que ma fortune présente ne me per-
mettait plus de faire face aux frais d'impression
d'un tel ouvrage; et comme il s'agissait de documents, pour la plupart inédits, reliés de la façon
la plus étroite à l'histoire de notre pays, je
m'adressai à l'État et je sollicitai, par l'intermé-
diaire de la section d'Archéologie du Conseil des
travaux historiques, institué auprès du Ministère
de l'Instruction publique, l'honneur de voir figurer
mon livre dans la collection dont le budget seul
peut faire exécuter l'impression.

Les matériaux accumulés par moi, furent soumis naturellement à l'examen d'une commission prise dans le sein du comité que je viens de mentionner; le rapport de cette commission ayant été favorable, mon manuscrit fut aussitôt envoyé à l'Imprimerie nationale. Là, le Tome Ier, comprenant tous les documents monétaires relatifs au temps écoulé depuis Philippe-Auguste jusqu'à Charles V inclusivement, fut imprimé avec cette élégance et cette correction inappréciables qui caractérisent toutes les publications sorties des presses de cet établissement hors ligne.

Une fois le Tome Ier achevé, l'impression du Tome IIe fut immédiatement abordée et poussée jusqu'à la dixième feuille. Tout allait donc au mieux, et j'étais ravi d'avoir si bien employé mon temps, lorsque survint un chômage dont j'aurais été éternellement incapable de me rendre compte. Comme je ne recevais plus d'épreuves depuis plus de six semaines, je m'enquis de la cause de ce retard inexplicable, et je ne fus pas médiocrement surpris en apprenant que non seulement on n'imprimait plus mon livre, mais que, de plus, le manuscrit avait été retiré par un ordre émané du Ministère de l'Instruction publique, et qu'enfin la distribution du Tome Ier était arrêtée.

Que s'était-il donc passé?

Des amis (c'est singulier comme il y a toujours

des amis dans les incidents désagréables qui vous arrivent !) avaient trouvé, ceux-ci que mon travail n'était pas un livre d'économie politique, ceux-là que ce n'était pas une œuvre de paléographie pure ; donc on avait crié haro sur le baudet, mais tout bas, afin que je ne l'entendisse pas ! En un mot, j'avais été accusé, jugé, condamné et exécuté à huis-clos, sans être averti le moins du monde de ma déconvenue.

Je mentirais à ceux qui me connaissent, si je leur disais que ce fut sans une vive irritation que j'eus connaissance de ce procédé inavouable et inqualifiable. J'écrivis aussitôt au Ministère pour réclamer mon manuscrit, que j'entendais désormais publier moi-même et à mon heure. Pas de réponse ! Enfin, au bout de quelques semaines de plus, j'appris qu'une sous-commission avait été nommée dans le sein des deux sections du comité attaché au Ministère, et que celle-ci, après avoir présenté un rapport verbal, qui ne fut pas accueilli, devait se résigner à présenter au ministre un rapport écrit. Dans cette commission, composée de MM. Delisle, Douët d'Arcq, Chabouillet, Robert, de Barthélemy et de Lasteyrie, la question du choix d'un rapporteur fut immédiatement agitée, et chacun s'empressa de décliner l'honneur de me démontrer que mon livre ne pouvait pas être continué comme je l'avais conçu, et comme j'entends bien qu'il reste.

Un rapport n'en fut pas moins rédigé et une ampliation de ce rapport NON SIGNÉ, me fut alors adressée, avec une lettre fort courtoise de M. le Ministre de l'Instruction publique, auquel je répondis aussitôt que je le priais de me renvoyer mon manuscrit et de faire disparaître mon nom de la liste des membres honoraires du comité en question, auquel j'appartenais depuis près de quarante ans.

Mon manuscrit me fut alors restitué et, je le répète, j'aviserai à publier le Tome second de mon ouvrage, à mon heure, et comme je l'entendrai.

Il me reste à démontrer que dans ce livre on a uniquement cherché ce que je n'avais jamais eu la pensée d'y mettre ; qu'on n'a pas voulu y voir une œuvre numismatique, qui y est et qui, je l'affirme, y est bien ; mais qu'en revanche on y a épluché une œuvre de paléographie et d'économie politique qui n'y est pas, et que je n'ai pas prétendu y mettre. Cela, je crois, s'appelle chercher la petite bête, et je n'en fais pas mon compliment à ceux qui se sont livrés bénévolement à cette fantaisie.

Voici le rapport textuellement reproduit :

RAPPORT

Présenté au Comité des travaux historiques (section d'archéologie), par la Commission chargée de rechercher les meilleurs moyens d'obtenir une exactitude plus sévère dans la publication du Recueil des documents monétaires.

Dans la préface du *Recueil des documents relatifs à l'histoire des monnaies frappées par les rois de France, depuis Philippe II jusqu'à François I*[er], le savant éditeur de cet ouvrage, après avoir exposé la nécessité d'un recueil aussi complet que possible « *des ordonnances et des documents de toute nature* « *ayant trait aux monnaies émises par les ateliers* « *monétaires de notre pays,* » fait remarquer « *que* « *si beaucoup de ces pièces ont été déjà publiées* « *dans l'immense recueil des ordonnances des rois* « *de France, les textes imprimés sont parfois d'une* « *incorrection déplorable.* »

Et il ajoute : « *Il était donc de toute nécessité* « *de recourir aux sources originales, et de rectifier* « *les mauvaises leçons, qui devaient forcément* « *laisser le lecteur dans un grand embarras.* »

On ne pouvait mieux dire ; malheureusement l'exécution du Recueil des documents relatifs à l'histoire des monnaies n'a pas paru répondre de tous points au plan que s'était tracé l'éditeur. Il a suffi d'ouvrir le

Tome Ier de cette publication pour s'apercevoir que son savant auteur, archéologue érudit, numismatiste consommé et sagace, manquait des connaissances pratiques et de l'expérience du diplomatiste.

Dès les premières pages du volume, on est forcé de reconnaître que les matériaux mis en œuvre n'ont pas été choisis avec une sévérité assez grande, et que l'éditeur en a employé quelques-uns dont la fausseté est évidente.

Il y a plus de vingt ans, un éminent érudit, parlant des actes officiels, s'exprimait ainsi : « Mais leur emploi « demande certaines précautions ; ils doivent être préa- « lablement soumis à une critique sévère, qui en déter- « mine la valeur et en fixe les dates. Combien de fois « une pièce fausse ou mal datée n'a-t-elle pas suffi « pour dénaturer l'histoire d'une affaire ou le caractère « d'un individu, et pour entourer de ténèbres l'origine « et les développements d'une institution. »

Ces réflexions n'ont pas été écrites à propos de documents monétaires, mais elles s'appliquent à merveille au Recueil dont nous nous occupons aujourd'hui. Il est évident, en effet, que même pour les numismatistes, les informations contenues dans ce Recueil ne pourraient avoir toute leur utilité, que si l'authenticité des documents qu'il contient était toujours indiscutable, et les transcriptions absolument fidèles.

Cette grave imperfection, et d'autres moins sérieuses, mais qu'il est pourtant impossible de ne pas signaler, ne sont sans doute dues qu'au désir d'achever trop rapidement une œuvre considérable et très délicate, afin de mettre plus vite entre les mains des érudits, des numismatistes et des curieux, une masse de documents la plupart *(sic)* tout à fait précieux. Quelque explicable et justifiée qu'elle soit, cette hâte est à coup sûr fort regrettable ; car sans elle l'éditeur du Recueil des monnaies, dont chacun connaît les merveilleuses apti tudes scientifiques, aurait bientôt dérobé ses arcanes à la science paléographique, et il nous aurait alors donné le livre irréprochable qu'il avait conçu. Tel qu'il nous a été présenté, le Recueil n'est ni coordonné avec uniformité, ni construit avec la méthode qu'on attendait d'un esprit aussi judicieux que celui de son auteur.

Entrons dans quelques détails. L'éditeur n'a pas négligé de signaler à grands traits, dans sa préface, les sources où il a puisé, mais il n'a pas songé à expliquer nettement ses renvois dans un tableau prél minaire. Il est cependant certains de ces renvois qui ne sont expliqués que par des abréviations obscures pour la plupart des lecteurs. Il a souvent oublié aussi de faire connaître le dépôt où sont aujourd'hui conservés les registres, les pièces manuscrites, mentionnés çà et là dans son travail, de préciser les layettes, registres ou volumes qui lui ont fourni des documents, et de marquer les pages où il a trouvé chaque pièce. Parfois il a pris dans de mauvaises copies des textes dont il aurait pu avoir les originaux, ou des copies meilleures. Il est résulté de cette manière de faire que les transcriptions données dans le Recueil des monnaies, contiennent des fautes qu'on chercherait en vain dans le Recueil imprimé des rois de France *(sic)*. (Voir, par exemple, ici § 10, lectures fautives, p. 236, col. 1, ord. du 31 janv. 1340.)

Si l'éditeur a été parcimonieux de certaines indications qui semblaient utiles, il n'a pas craint de grossir son travail, en y admettant des faits étrangers à l'histoire de la monnaie, des petits détails relatifs à des monnayers, des observations, des hypothèses, souvent d'ailleurs excellentes, et qui émanent tantôt d'auteurs anciens, tantôt d'auteurs modernes, comme Le Blanc ou le regrettable Edgar Boutaric. Ces insertions ne paraissent pas heureuses dans un recueil qui ne devait contenir, comme le veut son titre, que des documents officiels relatifs à la monnaie royale.

On s'étonne aussi de rencontrer dans le T. Ier, des documents importants sans doute, mais qui sont relatifs non aux monnaies royales, mais aux monnaies féodales. Les monnaies féodales mériteraient à coup sûr d'avoir un jour un Recueil semblable à celui dont on doit l'heureuse pensée à M. de Saulcy, mais ce n'était pas ici le lieu d'en parler.

On n'a pas remarqué sans surprise que l'éditeur ait cru devoir employer des abréviations dans sa transcription, au lieu de donner les mots entiers. Ce procédé laisse parfois les lecteurs dans le doute sur le sens de certaines phrases. (Voyez au § 7 un exemple de ces abréviations fâcheuses.)

Les puristes de la diplomatique se plaignent aussi que l'éditeur ait souvent supprimé les formules finales des dates, et qu'il se soit contenté de mettre la date en tête de chaque document ; ils ne regrettent pas moins que parfois la date n'ait été donnée que par les à peu près en usage jadis, comme *tant de jours avant* ou *après telle fête*. Il aurait fallu indiquer le quantième exact.

Une suppression de plus grande importance, c'est celle de la plupart des *préambules d'ordonnances*. Ces préambules ne sont pas de simples formules ; on y trouve l'exposé des motifs de l'ordonnance. Or, que ces motifs soient véritables, ou qu'ils soient ceux que le gouvernement voulait qu'on crût tels, ce sont des documents dont il n'aurait pas fallu priver les historiens.

La suppression de la plupart des ordonnances réglant le mode de paiement des dettes, est également fâcheux. Ces ordonnances paraissaient d'ordinaire après celles qui venaient de rétablir la forte monnaie, mais non pas après celles qui affaiblissaient la monnaie.

Un de nos plus célèbres économistes a fait remarquer qu'on pouvait peut-être deviner les raisons de cette prévoyance des rois, qui ne se montre qu'après les rétablissements de la forte monnaie ; c'est sans doute que les affaiblissements de la monnaie se faisant d'ordinaire insensiblement, n'occasionnaient pas une sérieuse perturbation, tandis qu'au contraire le retour à la forte monnaie, qui se faisait généralement d'un bond, pouvait produire des perturbations financières. Cette observation montre bien l'importance historique de certaines ordonnances supprimées.

Toutes les omissions que nous venons de signaler trahissent chez l'éditeur la préoccupation de satisfaire surtout les desiderata des simples numismatistes et montrent trop peu de soucis des intérêts plus sérieux de l'histoire.

Sans trop vouloir grossir le nombre des observations, une dernière remarque paraît nécessaire. Les deux tables sont insuffisantes. Elles ne donnent que les noms propres (encore sont-ils incomplets), et ceux des ateliers monétaires. L'ouvrage devra être pourvu d'une table beaucoup plus riche, qui comprendra notamment *les noms divers de toutes les espèces monétaires* qui y sont *mentionnées, les noms de lieux*, etc., en un mot, une *tabula nominum et rerum locupletissima.*

Pour donner quelques exemples du nombre des fautes regrettables qu'un examen, pourtant très rapide, a fait remarquer dans le Recueil des documents monétaires, on en citera une dizaine, rangés sous dix rubriques ou § *1 à 10.*

Ces exemples appuieront les assertions contenues dans ce travail qui n'est qu'un résumé des observations faites en parcourant le volume dont nous nous occupons et en notant les points douteux. On n'est que trop fondé à croire qu'on trouverait beaucoup plus de taches, si l'on prenait le soin de collationner les transcriptions imprimées avec les originaux, ou avec les copies plus sévèrement choisies.

Résumé.

La commission instituée pour rechercher les meilleures mesures à proposer à M. le ministre, en ce qui concerne le *Recueil des documents relatifs à l'histoire des monnaies*, a pensé que deux solutions devaient être soumises au ministre, et, s'il les accueillait, pouvaient être indiquées par lui à M. de Saulcy.

1° Si M. de Saulcy, après avoir pris connaissance des remarques qu'on vient de lire, consentait à soumettre son premier volume à un examen sérieux, et à en dresser un errata complet, et s'il consentait également à corriger ce qui reste de ses transcriptions en manuscrit, le Ministère ferait imprimer la suite du Recueil des documents monétaires. Toutefois, cette impression devrait être précédée d'un second examen du manuscrit, fait par des membres du comité versés dans la diplomatique et la numismatique. En outre, avant de donner le T. 2, on ferait paraître, sous la forme de supplément au T. Ier, un véritable *errata*.

2° Si M. de Saulcy ne se décidait pas à entreprendre cette révision, l'administration arrêterait définitivement la distribution du T. Ier, et renoncerait à la publication des documents monétaires. Dans ce cas M. de Saulcy serait libre de faire lui-même cette publication, sans l'État et à ses risques et périls. Afin de faciliter à M. de Saulcy la réimpression de son T. Ier, le Ministère, par une mesure exceptionnelle, remettrait à ce savant quelques exemplaires de ce Tome.

Je vais examiner maintenant ce rapport, et comme il est ANONYME, je me sens fort à l'aise pour le faire.

Les expressions de *savant éditeur*, de *savant auteur*, d'*archéologue érudit*, de *numismatiste consommé et sagace*, semblent d'agréables moqueries, quand elles sont immédiatement suivies de ces mots : « *Il manquait des connaissances pratiques et de* « *l'expérience du diplomatiste.* »

In caudâ venenum! Car là est la pilule que M. le rapporteur dorait de son mieux. Se sentait-il donc mal l'aise, en se croyant obligé, par son métier de rapporteur, de me gratifier de ce joli petit brevet d'ignorance? Je suis bien tenté de le croire.

« Dès les premières pages du volume, on est forcé de « reconnaître que les matériaux mis en œuvre n'ont pas « été choisis avec une sévérité assez grande, et que « l'éditeur en a employé quelques-uns dont la fausseté « est évidente. »

Ah! la belle trouvaille que vous avez faite là, Monsieur le Rapporteur! Les matériaux que j'ai choisis rentraient forcément dans le cadre que je m'étais tracé. Qu'ils fussent authentiques ou véreux, Haultin et Leblanc s'en étaient servis, et dans un répertoire général, tel que je l'avais conçu, ils devaient figurer, ne vous déplaise.

Quant à apprécier leur valeur et à reconnaître leur fausseté, le cas échéant, permettez-moi de vous dire très humblement que je n'aurais pas eu besoin de votre concours pour en venir à bout.

Comme je ne veux pas trop m'attarder à l'analyse du rapport, et que j'ai hâte d'arriver à mon tour à prendre un à un les griefs imputés à mon livre, afin de démontrer leur inanité, leur pauvreté, veux-je dire, je passe rapidement sur tout ce qui concerne la *grave imperfection* qui m'est reprochée et. qui consiste en ce que l'authenticité des documents que j'ai reproduits n'est pas toujours indiscutable. Parbleu ! je le sais tout aussi bien que vous, Monsieur le Rapporteur ! Quant aux transcriptions qui ne sont pas *absolument fidèles*, comme vous avez sans doute signalé celles-là, nous les examinerons ensemble, si vous le voulez bien, lorsque le moment sera venu.

Vous avez toutefois raison, lorsque vous dites que j'ai été pressé de publier le fruit de mes recherches ; l'âge auquel je suis parvenu justifie pleinement cette hâte. Si vous êtes jeune encore, tant mieux pour vous ! Votre jeunesse passera plus vite que la mienne ne reviendra. Vous ajoutez : « Quelque explicable et jus-
« tifiée qu'elle soit, cette hâte est à coup sûr fort
« regrettable, car sans elle l'éditeur du Recueil des
« monnaies (vous voulez dire sans doute, des documents
« monétaires), dont chacun connaît les merveilleuses
« aptitudes scientifiques (nouvelle dorure d'une nouvelle
« pilule), aurait bientôt dérobé ses arcanes à la science
« paléographique, et il nous aurait donné le livre irré-

« prochable qu'il avait conçu. Tel qu'il nous a été
« présenté, le Recueil n'est ni coordonné avec unifor-
« mité, ni construit avec la méthode qu'on attendait d'un
« esprit *aussi judicieux* que celui de son auteur (1). »

Hé! hé! Monsieur le Rapporteur, ce n'est pas trop
poli, ce que vous voulez bien me dire là, et je pense que
dans les griefs recueillis et consignés par vous, vous
prendrez la peine de justifier ce jugement.

· Quant aux arcanes de la science paléographique que
mes *merveilleuses aptitudes scientifiques* m'auraient
permis de dérober bientôt, permettez-moi d'en rire. Qui
dérobe vole; j'aurais donc volé ceux qui possèdent ce
trésor d'arcanes. Tenez, entre nous, ce n'était pas la
peine de dérober un trésor si mince!

Vous dites carrément que parfois j'ai pris, dans de
mauvaises copies, des textes dont j'aurais pu avoir les
originaux ou des copies meilleures. Assertion en l'air,
Monsieur le Rapporteur! car si vous ne me montrez pas
du bout du doigt ces originaux ou ces copies meilleures,
que je n'ai pas pu découvrir, en les cherchant bien, vous
serez impardonnable de ne pas me les faire connaître,
vous qui les avez trouvés, sans les chercher... Cette

(1) Cette rédaction a été amendée; car je crois être sûr que la
première formule adoptée par l'auteur du rapport était : « *(Il)*
aurait bientôt dérobé aux élèves de l'École des Chartes les
arcanes de leur métier. » — C'était plus franc, mais le bout de
l'oreille se montrait trop long sans doute. Je serais enchanté d'être
élève de l'École des Chartes; mais je suis condamné à me passer
de cet honneur, et je n'en suis pas plus affligé qu'il ne convient.

fois, heureusement pour moi, vous avez la bonne idée de m'indiquer une lecture fautive, que la simple lecture du Recueil imprimé des ordonnances m'aurait fait éviter. C'est ce que nous vérifierons plus loin, si vous le voulez bien.

Vous me reprochez ensuite l'introduction de hors-d'œuvre, jugés tels par vous, et non par moi. Quand j'écris un livre, j'ai l'habitude de l'écrire à mon goût, et de ne pas consulter celui de mon voisin. C'est peut-être un tort à vos yeux ; mais je vous le déclare, je mourrai dans l'impénitence finale. « Ces insertions, « dites-vous, ne paraissent pas heureuses dans un re-« cueil qui ne devait contenir, comme le veut son titre, « que des DOCUMENTS OFFICIELS relatifs à la monnaie « royale. » Où voyez-vous que le titre de mon livre implique qu'il ne contiendra que des *documents officiels* ? Je ne le devine pas.

Vous vous étonnez de trouver dans ce livre des documents relatifs aux monnaies féodales. Il y en a UN, simplement indiqué, et qui est relatif au règne, si pauvre en documents, de Louis X. Je n'en connais pas d'autres, à moins que vous ne vous formalisiez de la présence des actes étrangers à l'autorité royale, qui seuls nous font connaître le titre et le poids des monnaies de Louis IX. Je n'accepte donc pas le moins du monde ce reproche qui tombe à faux.

Les abréviations respectées par moi, vous offusquent, Monsieur le Rapporteur. Aurais-je donc réussi à dérober un plus grand nombre de ces arcanes de la science paléographique, que vous n'en avez dérobé vous-même?

Tant pis, je vous le déclare, pour les ignares qui ne sauront pas compléter les abréviations que j'ai reproduites.

Si l'un des arcanes en question consiste à écrire tout au long ce qui n'a nul besoin de l'être, je m'en passerai fort allègrement.

Vous regrettez, comme une perte de grande importance, les préambules d'ordonnances, fort utiles, je vous l'accorde, à celui qui veut faire de l'économie politique ; mais encore une fois, Monsieur le Rapporteur, prenez donc la peine de comprendre que je n'ai eu d'autre but que d'apprendre aux amateurs de nos vieilles monnaies, à les classer avec sûreté. Est-ce que lorsque les plus célèbres économistes écrivent des livres, je les somme, moi, de me faire connaître le poids, le titre, la taille et les types distinctifs des monnaies qu'ils citent, sans les avoir jamais vues ? A chacun son lot. Je veux faire un livre de numismatique ; laissez-moi donc le faire à ma guise, et ne m'accablez pas de vos regrets dont je n'ai que faire.

Et dire que vous avez eu un moment en vue la saine appréciation de mon livre ! N'écrivez-vous pas, en effet : « Toutes les omissions que nous venons de signaler, « trahissent chez l'éditeur la préoccupation de satisfaire « surtout les desiderata des simples numismatistes, et « montrent trop peu de soucis *(sic)* des intérêts plus « sérieux de l'histoire. »

Oui, mille fois oui ! vous arrivez à avouer enfin, ce que (soit dit entre parenthèses) vous saviez à merveille, quand vous avez pris la plume pour critiquer mon travail. Oui, je l'ai composé *exclusivement,* entendez-vous bien, pour les numismatistes, et en le composant je me suis soucié comme d'une guigne des *desiderata* des paléographes et des économistes.

« Les deux tables sont insuffisantes, » dit le rapport. Si c'est l'avis de la commission, cè n'est pas le mien. Les tables, telles que je les ai rédigées, sont amplement suffisantes pour les numismatistes, pour lesquels seuls mon livre était écrit. Que les autres fassent une table de plus, à mon sens fort inutile, je le veux bien ; mais qu'ils soient assurés que moi je ne la ferai pas.

« Pour donner quelques exemples du nombre des « fautes regrettables qu'un examen pourtant très rapide « a fait remarquer dans le Recueil des documents moné- « taires, on en citera une dizaine rangés sous dix ru- « briques, ou § 1 à 10. »

Ne semble-t-il pas que la commission a ouvert le livre au hasard, et qu'à chaque page touchée, elle a trouvé une monstruosité ? Tout à l'heure je les éplu- cherai vos dix paragraphes, n'en doutez pas !

« On n'est que trop fondé à croire qu'on trouverait « beaucoup plus de taches si l'on prenait le soin de « collationner les transcriptions imprimées avec les ori- « ginaux, et avec les copies plus sévèrement choisies. »

Eh bien ! Messieurs de la commission, cherchez les ori- ginaux, cherchez les copies plus sévèrement choisies, et collationnez ; qui vous en empêche ? Alors seulement vous serez peut-être dans votre droit, quand vous parlerez, ainsi que vous venez de le faire, du travail d'autrui.

Quant à votre bienveillant *Imprimatur,* je m'en passerai, sachez-le bien.

Vient alors ce que l'auteur du rapport intitule *Résumé*.

J'y trouve l'alternative suivante à me proposer :

« Si M. de Saulcy, après avoir pris connaissance des « remarques qu'on vient de lire, consentait à soumettre « son premier volume à un examen sérieux, et à en « dresser un errata complet, et s'il consentait également « à corriger ce qui reste de ses transcriptions en manus- « crit, le Ministère ferait imprimer la suite du Recueil « des documents monétaires. Toutefois, cette impression « devrait être précédée d'un second examen du manuscrit, « fait par des membres du comité, versés dans la diplo- « matique et la numismatique, etc. »

Allons donc, Monsieur le Rapporteur, avez-vous pu croire un seul instant que j'accepterais les leçons de diplomatique et de numismatique que vous voulez bien me faire proposer par le Ministre ? Convenez qu'il y a en cela une sommation impertinente que vous auriez pu et dû laisser au fond de votre encrier !

Quant au second parti dont on me laissait le choix, je l'ai accepté avec d'autant plus de plaisir, que je n'avais pas attendu la lecture du rapport qui m'est envoyé, pour effectuer ce choix. Ainsi, n'en parlons plus.

Mais, maintenant, parlons des grosses fautes et des taches que vous avez découvertes dans mon livre, à grand renfort de besicles, et non pas, comme vous vous voulez bien le dire, en ouvrant ce pauvre livre. Si je vous prouve que toutes vos remarques, à très peu d'exceptions près, sont fautives ou niaises, il faudra bien que vous confessiez que vous avez, de parti pris, cherché la petite bête, ainsi que j'ai déjà eu l'honneur de vous l'affirmer.

Enfin, quant à la pensée qui a présidé au choix des procédés employés à mon égard, je m'abstiendrai de la chercher, de peur de la trouver trop facilement.

L'exactitude dans la reproduction des textes m'ayant absolument manqué, à ce qu'on prétend, dans mon livre sur les documents monétaires, la commission chargée de l'exécution (c'est de la mise à mort, que je veux dire) de ce pauvre livre, sera sans doute charmée de me voir reproduire scrupuleusement ses assertions, sans en rien omettre. Je transcris :

Pour la section d'archéologie,
sur la publication des doc^{ments} monétaires.

—

RÉSULTAT DES OBSERVATIONS DE LA COMMISSION
20 février 1880.

Et sur la chemise qui contient ce résultat :

OBSERVATIONS PRÉSENTÉES A LA SECT. D'ARCHÉOL.
le 8 mars 1880.

Il paraît donc, rien qu'à voir la teneur de ces deux entêtes, que Messieurs de la commission affectionnent pour eux les abréviations, s'ils les condamnent chez les autres. Mais passons vite, et copions toujours :

—

« (29 pages en II §.)
« Manque d'uniformité. § 1, 1 page,
« p. 1. »

Hélas! la sagacité qu'on veut bien m'attribuer me fait ici défaut; qu'a-t-on voulu dire? Je crois deviner que l'auteur de ces notes, inventoriant les feuillets de son répertoire de fautes, les a cotés, et qu'il a voulu dire que son 1ᵉʳ parapraphe ne contenait qu'une page cotée 1. Si c'est cela, c'est une précaution assez cocasse.

Heureusement, nous arrivons immédiatement à des indications un peu plus précises.

—

« § 1, p. 131. L'éditeur cite textuellement en latin un « arrêt du Parlement d'après les *olim* ;

« p. 134: Il donne des arrêts en français ;

« p. 137: Il en donne des extraits traduits, avec « mélange de mots latins. »

Il y a là manque d'uniformité, c'est certain. Mais si j'ai reproduit, p. 131, le premier arrêt textuellement, comme échantillon, s'il m'est permis d'employer cette expression, je n'ai pas hésité un seul instant à analyser les autres en français (p. 131, 134 et 137), le plus brièvement possible, en conservant (p. 137) les mots du texte même, lorsqu'il s'agissait explicitement d'une monnaie. J'ai laissé subsister, je dis mieux, j'ai voulu conserver les mots « falsam monetam Turonensem alborum cudebat, » parce qu'ils concernaient étroitement la numismatique. Vous y trouvez à redire: pourquoi, s'il vous plaît? Est-ce que j'ai jamais songé à rééditer les *olim* ? Le paragraphe premier de vos griefs est donc une niaiserie, indigne de vous et de moi.

Passons au paragraphe second.

—

« Ordre chronologique
« pas
« toujours observé.
« § 2. 1 page.
« p. 2.
« §. 2. p. 140 et 141. L'ordre chronologique n'est pas
« observé. »

Il s'agit de pièces existant aux archives municipales
de Poitiers, et dont je dois les copies à l'obligeance de
mon ami, A. de Barthélemy. La première (p. 141)
porte en tête 1270 à 1285, limites du règne de Philippe III, parce que la copie que j'ai reçue mentionne
l'absence du millésime. Suit celle qui est datée de
juillet 1273, et qui contient les mêmes prescriptions
adressées « de rechief » aux magistrats compétents.
La 1re ordonnance citée est donc antérieure, et comme
je n'en savais pas la date exacte, je me suis contenté
de la classer au règne de Philippe III, son auteur.
J'aurais pu, sans doute, mettre en tête de cette première
ordonnance : 1270 à juillet 1273 : je n'ai pas cru indis-
pensable de le faire. Il est vrai qu'après l'indication
de la pièce de juillet 1273, il s'en trouve deux fort
courtes, placées immédiatement et datées de janvier 1271
et août 1272, suivies d'une seconde pièce de juillet 1273.
C'est l'adoption de la date 1270 à 1285 qui m'a entraîné
à cette classification, de même que c'est la présence des
mots « de rechief » qui m'a conduit à faire paraître,
aussitôt après la pièce sans date, celle de juillet 1273, qui
n'en était qu'un *duplicata*. Franchement, s'il n'y avait

que cela pour faire condamner un livre à passer sous
le pilon, la condamnation serait plus sévère que rai-
sonnable. D'ailleurs, vous n'avez trouvé que cela à
inscrire à votre paragraphe 2, et c'est mince. C'était
toujours la petite bête qu'il fallait chercher et trouver,
en ouvrant le livre au hasard, comme vous voulez le
faire croire.

—

« Paragraphe 3.
« § 3.   4 p.
« p. 3 à 6.
« Dates
« fautives ou données insuffisamment.
« § 3, page 108. L'éditeur a cru devoir donner une
« table des dates pascales ; on a trouvé des fautes dans
« cette table. »

Alors, prenez-vous-en aux auteurs de l'art de vérifier les dates, auxquels ce catalogue des dates pascales
a été textuellement emprunté. On a trouvé des fautes
dans cette table, dites-vous, et vous oubliez de
les signaler ! C'est bien peu charitable de votre part !

—

« P. 112. L'éditeur a transcrit un *Kalendrier de la*
« *Cour des comptes.* »

(Vous, mon cher critique, vous transcrivez mal ce que
j'ai écrit en tête du calendrier de la page 112. J'y ai mis
Kalendrier de la cour des monoyes. Allons, comme

exactitude de transcription, vous aussi, vous laissez à désirer.)

« Au 6 mai, on trouve saint Pierre Porte Latine. S'il y « a saint Pierre sur le texte transcrit, c'est une erreur « qu'il aurait fallu signaler. C'est *saint Jean Porte* « *Latine* qu'il fallait dire. »

J'ai indiqué le folio du registre de la Bibliothèque de la Sorbonne, où j'ai trouvé ce calendrier. Que n'alliez-vous vérifier ma transcription, avant de dire : *S'il y a saint Pierre sur le texte,* etc.? Moi, numismatiste, écrivant un livre de numismatique, en quoi voulez-vous que la substitution de saint Jean à saint Pierre me touche? C'était bien le cadet de mes soucis! Vous voyez bien que vous vous évertuez à chercher la petite bête.

—

« P. 137. Mardi avant la Saint-Thomas 1267. Il fallait « indiquer le quantième et le mois entre parenthèses. »

A quoi bon, s'il vous plaît, pour les numismatistes ? Cette date, telle qu'elle est, je l'ai prise dans un excellent livre de l'un des vôtres, du pauvre et cher Boutaric. Prenez-vous-en donc à sa mémoire.

Il est convenu, n'est-ce pas, que toutes vos observations intéressent toujours au plus haut point la numismatique, à laquelle j'ai prêté toute mon attention, sans me soucier de ce qui ne la touchait pas. A l'aide du calendrier dont le facteur de la poste me gratifie chaque fois que le 1er janvier arrive, — je sais, aussi bien que vous, que la fête de saint Thomas tombe le 21 septembre. Mais à quoi bon perdre mon temps à chercher le quantième du mardi qui, en 1267, a précédé le 21 septembre?

—

« P. 152. Jeudi après la Tiphaine 1296. On s'est con-
« tenté de dire : Après le 6 janvier qui est la date de la
« Tiphaine ou *Épiphanie* ; mais, là encore, il fallait
« mettre jeudi *tant* de *janvier*. »

Même réponse que ci-dessus : toujours la petite bête !!!

—

« P. 250, colonne 2. Ordonnance du 18 janv. 1346.
« anc. style. »
« Ce document ne peut se comprendre à cette date ; on
« l'a peut-être emprunté à une copie abrégée, et datée
« fautivement, du mandement du 20 janvier 1348, qui se
« trouve dans le volume plus loin, p. 266, col. 1. »

La mention incriminée a été tirée par moi du registre de la Sorbonne, H. 1, 9, n° 174, f° 141, r° et v°. — Allez-y voir. — Je suis d'accord avec vous sur la date fautive du 18 janvier 1346. — Mais où je cesse d'être d'accord avec vous, c'est sur la date du 20 janvier 1348. Vous avez pris votre justaucorps pour vos chausses. L'ordonnance qui a créé le gros de 15 deniers, à 6 d. de loi et de 72 au marc, est datée de Corbeil, et du 15 janvier 1348 ; ce qui est daté du 20 janvier 1348, c'est l'exécutoire des généraux maîtres. J'ai discuté, avant vous, la valeur de la soi-disant ordonnance du 18 janvier 1346, dans l'histoire des monnaies de Philippe de Valois, qui va être mise sous presse. Cette ordonnance fausse, je la trouvais dans un registre de la cour des monnaies, pouvais-je la passer sous silence ? pouvais-je en discuter la valeur, dans un recueil soumis *Disputationibus omnium ?* Pas le moins du monde. Vous n'avez fait là que ce que j'avais fait avant vous.

—

« Page 319, col. 1, et p. 320, col. 2.
« Ce document, daté du 17 mai 1354, doit être du
« 14 novembre. Il s'applique à une monnaie 24e. »

Vous êtes encore moins heureux cette fois que toutes les autres, mon cher critique. D'abord, c'est page 319, col. 2 qu'il faut, puis page 320, col. 1 ; mais cela n'a aucune importance.

L'ordonnance du 17 mai a été tirée du registre officiel Z. 1^B. 56, f° 149 v°, et 150 r°, des archives nationales. L'exécutoire est du 24 mai 1354. Donc la date du 17 mai est bonne : cet exécutoire fut expédié aux monnaies du Royaúme, le 25 mai 1354. Il s'agissait bien d'une monnaie 64e, si vous voulez bien le permettre, car un gros de 8 deniers tournois, à 3 deniers de loi, et de 120 au marc, est bien une monnaie sur le pied 64e. Il paraît que vous ne savez pas au juste ce que c'est que le pied de monnaie, et que vous savez encore moins calculer le pied d'une monnaie, dont vous savez le titre, la taille et la valeur. Ce n'est pas un crime, sans doute ; mais il ne faut pas que gros Jean prétende en remontrer à son curé, comme on dit vulgairement.

Je me fais un véritable plaisir de vous apprendre que

ce gros, assez peu rare d'ailleurs, existe au cabinet des médailles, où vous pourriez le reconnaître en consultant l'histoire des monnaies du roi Jean, que je viens de publier, et où elle est figurée sous le n° 20 de la planche II. Vous voyez qu'il vous reste encore beaucoup à apprendre, avant de parler *ex cathedrâ* de la numismatique de la troisième race de nos rois.

Où, s'il vous plaît, avez-vous trouvé une ordonnance du 14 novembre 1354, créant une monnaie 24e ? Je connais bien une ordonnance du 31 octobre 1354 créant la monnaie 24e, et qui se trouve au même registre-journal des archives nationales, f° 156, r° et v°.

Quelle drôle d'idée avez-vous eue de confondre ces deux ordonnances, qui concernent des pièces bien connues des numismatistes, mais pas de vous, et qui se ressemblent, tout juste autant que le soleil ressemble à la lune ?

Vrai ! vous auriez bien fait de ne pas enrichir de celle-là le catalogue des fautes commises par moi !

—

« Paragraphe 4.
« Renvois insuffisants.
« § 4. 1 p.
« p. 7.
« Pièces citées
« sans renvois suffisants.
« P. 127, col. 2, dernière ligne. (Trésor des chartes.)
« Ceci se retrouve souvent. » (A votre place j'aurais mis *cela*.) « Ici on aimerait d'autant plus à pouvoir recourir

« facilement à la source, que le fait est extraordinaire.
« (V. Lectures douteuses.) »

Vous avez la date 1252 ; donnez-vous la peine de
chercher. En quoi, s'il vous plaît, le fait est-il extraordinaire ? Croyez-vous donc que la monnaie d'Étampes de
Louis VII soit si rare? Ou bien croyez-vous qu'étant
démonétisée, elle avait disparu ?

—

« P. 129. col. 2. à la fin de l'ord. de la mi-carème 1262.
« (Archives de la monnaie de Paris.) Ceci » (dites encore :
cela) « se retrouve très souvent. »

Ainsi :
V. encore p. 144,
« après une citation des
olim. P. 211,
etc., etc. »

Messieurs de la commission, permettez-moi de vous
apprendre, puisque vous l'ignorez, qu'il existe à la monnaie de Paris un dépôt d'archives, dans lequel toutes les
pièces anciennes, qui manquent en original, sont représentées par des copies plus ou moins fautives, classées
par ordre chronologique. Pour retrouver ces copies,
avoir la date de la pièce qu'elles représentent, suffit
amplement. Que voulez-vous donc que je dise de plus?
Véritablement, cette fois votre critique frise la niaiserie,
d'autant plus qu'à la page 144, l'indication du fait est
suivie de : *Ol*, II. 181. Arch. de la monnaie de Paris.

—

« P. 141. col. 2, bas. (Archives municipales de Poitiers)
« la cote manque. »

Mais oui, elle manque, et je n'irai pas la chercher,
ne vous déplaise. C'est la seconde fois que vous incri-
minez mes malheureuses copies, qui, ainsi que je vous
l'ai déjà dit, m'ont été données par un élève de l'École
des chartes, mon ami A. de Barthélemy.

—

« P. 160. *Leblanc p. 188*. Il fallait dire édit. de 1692,
« car, dans la vraie, celle de 1690, c'est page 215. »

Voilà qui est amusant ! Comment, une vraie édition
est de plein droit la première ? Et je suis répréhensible
parce que je n'ai dans ma bibliothèque que la seconde.
Tenez, Messieurs, cette fois, votre remarque confine à
l'absurde.

—

« § 5.   1 p.
« p. 8.
« Pièces mal données
« en raison de mauvaises
« copies.
« Pages 138, 139 et 140. 1271 Toussaint.
« Ces lambeaux d'une ordonnance, tirés de différentes
« copies, ne sont pas mis en rapport. »

Voici ma réponse : Pour la page 138, trouvez-moi la
bonne copie, et vous me ferez le plus grand plaisir ; car

il serait fort important de posséder le texte correct de cette pièce, texte que je n'ai pu trouver que là où je l'ai pris, faute de mieux.

Pour les pages 139 et 140, j'ai mis à contribution le Recueil des ordonnances, tome XI, p. 348.

Vous appellez *lambeaux* les parties de l'ordonnance que j'ai reproduites : c'étaient les seules qui, touchant la numismatique, pussent m'intéresser. Quant aux autres *lambeaux*, je ne m'en suis pas soucié le moins du monde. Après ?

—

> « Paragraphe 6.
> « § 6. 2 p.
> « p. 9 et 10.

« Pièces données deux fois.

« P. 131, col. 1, et 132, col. 2.

« La même pièce est publiée deux fois ; d'ailleurs elle « est probablement fausse, et en tout cas fautive.

« L'éditeur a noté lui-même, p. 131, col. 1, ligne 9 de « l'ord., qu'il faudrait lire 72 et non 52; mais il n'a pas « vu, ou dit que p. 132, col. 2, on trouvait les mêmes « indications, et que cette fois la copie qu'il a transcrite « portait 72 et non 52, à l'endroit indiqué. »

Oui, ce texte est donné deux fois : la première à la date vague de 1265, et la seconde à la Toussaint de 1265 (1er novembre). La première copie tirée du Ms. Fr. 5524 et du Registre de Lautier, diffère notablement, quant au préambule, de la copie tirée des archives de la monnaie de Paris, du Registre de la Sorbonne, coté

H. I. 10, n° 172, et enfin du Recueil des ordonnances.
T. I, p. 96.

La pièce dont il s'agit n'est pas fausse ; c'est sa date seule qui l'est. La date véritable est celle du 10 novembre 1294 (jour de la Toussaint); et, par conséquent, la pièce attribuée à tort à Louis IX, appartient au règne de Philippe le Bel.

—

« Page 231, col. 1, 1240 » (Écrivez 1340, s'il vous plaît, ô mon cher critique !)

« Ordonnance sur la monnaie de Sommières, on la « retrouve plus loin, p. 234, col. 2, à la date plus précise « du 14 novembre 1240. » (Écrivez encore 1340, je vous en prie.)

Il s'agit à la page 231 de la simple mention d'un mandement ordonnant la translation à Montpellier de l'atelier monétaire de Sommières.

À la page 234, il s'agit de l'ordre envoyé au sénéchal de Beaucaire, de payer tous les frais qu'a nécessités cette translation.

Est-ce donc la même chose ? Je ne le crois guère.

—

« Page 348, col. 1 et 2. Ord., du 28 novembre 1355.

« C'est la copie en extrait de l'art. 8 du document du « 28 décembre, qu'on trouve p. 351, col. 1.

« Il y avait sans doute une erreur de date, sur le « registre d'abord consulté. »

D'accord ; l'ordonnance du 28 novembre 1355 est tirée

du Registre de la Sorbonne, H. I, 9. n° 174, f° 154, et, ce qui vaut mieux, du Registre-journal des archives nationales, Z. 1^{B}. 55, f° 238 v°, et 239 r°.

L'extrait (art. 8) de la page 351, col. 1, est tiré, avec sa date du 28 décembre, du Recueil des ordonnances, T. III, p. 29 ; aussi naturellement c'est cette date-là qui est fausse.

———

« P. 384, 385, 387.

« Documents répétés $\left\{ \begin{array}{c} \text{avec} \\ \text{plus ou moins} \\ \text{d'étendue.} \end{array} \right.$

« 22 août 1358 — 5 septembre 1358. »

Le savant auteur du rapport a-t-il inscrit cette critique afin de me prouver qu'il n'avait fait qu'entr'ouvrir mon livre, pour que les fautes lui sautassent aux yeux ? En vérité, je serais tenté de le croire ; car cette fois il a critiqué à tort et à travers, sans comprendre un mot aux pièces qu'il incriminait ! La preuve, la voici :

Les pièces en question sont, celle du 22 août 1358, relative à la monnaie de Paris où l'on ouvrera sur le pied 32e, tandis que d'après la pièce du 5 septembre 1358, relative à la monnaie de Rouen, on continuera à y ouvrer sur le pied 80e, jusqu'au 20 septembre. Vous auriez frappé plus juste si vous aviez simplement fait remarquer que, pour cette pièce du 5 septembre 1358, j'ai mis la charrue devant les bœufs, c'est-à-dire que l'intitulé du Mandement de ce jour est imprimé après la très courte analyse du Mandement lui-même.

Du reste, voyons d'où sont tirées les pièces dont il s'agit. Les deux du 22 août 1358, proviennent : la 1re, du Reg. Z. 1^B 56, f° 8 v°, des archives nationales, du Reg. H. 1.10, n° 172, f° 9 r°., de la Sorbonne et des archives de la monnaie de Paris ; la 2e, du Recueil des ordonnances, tome III, p. 243. La teneur en est tout à fait différente ; on trouve dans l'une ce qui ne se trouve pas dans l'autre, et réciproquement. J'ai donc bien fait de faire imprimer les deux.

Quant aux deux indications de la pièce du 5 septembre 1358, la première est tirée du Recueil des ordonnances, T. III, p. 252, et des archives de la monnaie de Paris. L'intitulé provient du registre Z. 1^B 56, f° 10 v°, des archives nationales, et lorsque j'ai eu reconnu en collationnant avec l'original, inscrit dans ce registre, la teneur de la première citation empruntée au Recueil des ordonnances, j'ai noté de plein droit la provenance du Registre journal officiel des archives. Qu'y trouvez-vous à redire ? Plus que jamais cette fois vous avez cherché la petite bête.

———

« P. 407, col. 2, Docum. du 8 juillet. — Il est donné « deux fois de suite ; plus long d'abord. »

Il s'agit de deux emprunts faits, le premier, au Reg. Z. 1^B, 56, f° 22 v°, et le second, au Recueil des ordonnances, T. III, p. 353. Ce dernier n'est qu'un intitulé, le premier est une brève analyse ; en quoi cela implique-t-il une monstruosité ?

———

« P. 417, ord. du 28 9ᵉ 1359. »

« A rapprocher de l'ord. du 27 janvier 1359, de la
« page 422. »

C'est vrai; le rapprochement est nécessaire, et il a
été fait, puisqu'aux deux indications, je mentionne le
même feuillet volant inséré dans le Registre de la Sorbonne, H. 1. 13. n° 173. — Vous auriez, en prenant la
peine de lire autre chose que les dates, dû reconnaître
que la première citation renvoie à l'ordonnance du 27 janvier 1359, et qu'elle renferme les noms des généraux
maîtres des monnaies, noms qui ne se retrouvent plus
dans la seconde.

Toujours la *petite bête!*

—

« Paragraphe 7.

« § 7.   1 p.   Abréviations fâcheuses.

« p. 11.

« Exemple :

« Un nom propre bizarre « Pierre Domino, » est abrégé
« ainsi : P. D N O.

« V. Page 510, col. 1, ligne 7.

« Comment le devinerait-on, si on le rencontrait ainsi
« pour la première fois? Heureusement, il se trouve
« ailleurs tout au long, Pierre Domino. »

La note ci-dessus ne brille pas par l'exactitude; ce
n'est pas à la ligne 7 que se trouve l'abréviation incriminée dans la colonne 1 de la page 510, c'est à la

ligne 28 ; il est vrai qu'à la colonne 2 cette même abréviation se trouve réellement à la ligne 7 ; mais peu importe.

Il ne faut pas être grand clerc pour deviner que Dno est l'abréviation de *Domino*, comme Dns est l'abréviation archiconnue de *Dominus*. De plus, l'emploi de cette abréviation n'est pas de mon fait ; je l'ai respectée, et j'ai dû la respecter, parce qu'elle existait dans le texte que j'empruntais au Registre journal (Z. 1ᵇ 56, f° 68 r°) des archives nationales.

Ce nom se trouve 23 fois dans mon livre.

18 fois il est écrit Pierre Domino.

1 fois P. Domino.

1 fois Pierre Dno.

Et enfin 3 fois P. Dno.

Le grief qui m'est infligé est donc puéril, pour ne pas dire plus.

—

« Paragraphe 8.

« § 8.   1 p.

« p. 12.

« Explications nécessaires omises.

« Noms d'ateliers monétaires.

« P. 247, colonne 2 et ailleurs.

« L'atelier monétaire Loviguen ou Louviguen est
« mentionné.

« On croit qu'il s'agit de la ville nommée *le Vigan*
« (Gard), c'est à rechercher. »

Eh bien, recherchez ! et soyez plus habiles que moi ;

je ne demande pas mieux. Je crois que Louviguen c'est
Le Vigan, que les gens du pays appellent Lou Viguen. Il
y a déjà trois ans (en 1877), j'ai publié un livre intitulé
*Éléments de l'histoire des ateliers monétaires du
royaume de France.* A la page 31 vous y verrez ce
que je sais de l'atelier de Loviguen (Le Vigan?), et à la
page 129, Loviguen (Le Vigan), cette fois sans point de
doute. Trouvez mieux, je le répète, et vous m'obligerez
beaucoup, mais ne reprochez pas à autrui ce que vous
n'êtes pas capable de rectifier, ni d'éclaircir.

J'attends donc de votre érudition et de votre sagacité
l'*explication nécessaire* que j'ai *omise* et que je vous
défie de donner.

—

« Paragraphe 9.
« § 9. 8 p.
« 13 à 20.
« Hors-d'œuvre. »

Huit feuillets de griefs! c'est formidable! Heureusement nous allons voir que ces huit feuillets n'ont pas
plus d'importance que ceux que j'ai déjà examinés.

—

« P. 131, col. 2, 1265. Fait curieux pour l'histoire
« générale des mœurs, n'apprend rien pour celle des
« monnaies en particulier. »

Il. s'agit d'un homme de Bourges qui réclamait un
droit sur la monnaie de cette ville, quand le Roi y faisait
travailler, et cela en qualité de maître de la monnaie et

de garde des coins. On lui objectait que la monnaie
ne se faisait plus aux types des coins dont il avait la
garde, etc., etc.

Comment, cela n'apprend rien sur l'histoire des
monnaies? Je vais vous prouver que si. — 1° Nous
n'avons pas trouvé un seul document antérieur au
7 juin 1359, sur la monnaie de Bourges! Et voilà un
postulant qui se présente, en qualité de garde des coins
royaux, et réclame un droit sur cette monnaie, en 1265.
Il y avait donc eu des monnaies royales émises à Bourges,
antérieurement et pendant la vie de cet homme ; ces monnaies nous les connaissons. — 2° Lorsque le postulant
présenta sa réclamation, on lui répondit qu'on ne frappait
pas les monnaies royales avec les coins qu'il était chargé
de conserver. Donc, en 1265, ou tout au moins vers cette
époque, on frappait monnaie royale à Bourges.

Et cela n'apprend rien sur l'histoire monétaire ?
Franchement, c'est trop fort!

—

« P. 137, col. 1 et 2. 1270. Faits qui ne touchent pas à
« l'histoire monétaire. »

Tout aussi bien raisonné que pour le grief ci-dessus !
Que lisons-nous, en effet? Que les monnayers de Paris
se refusent à payer la taille, en vertu de leurs privilèges, et exhibent à cet effet une charte soyale. Il est
décidé qu'ils ne sont exempts que lorsque « monetam
domini regis cudunt ad bracagium. »

L'un des monnayers de Paris, nommé Jehan Arrode,
fait constater par le prévost de Paris qu'il a frappé

« ad bracagium » c'est-à-dire de ses mains, environ
10 livres tournois, lorsque Pierre Barbez fut maître de la
monnaie de Paris, et qu'il en avait touché son salaire.
Mais comme il n'a plus travaillé depuis, il est débouté.

Nous voilà cette fois en présence : 1° de la justification
d'existence d'une charte royale instituant les privilèges
des monnayers ; 2° de la constatation de la maîtrise de
la monnaie de Paris, exercée par un Pierre Barbez
que nous ne trouvons pas mentionné ailleurs. Et cela
n'intéresse pas l'histoire monétaire ? Décidément, de
mon critique ou de moi-même, il y en a un dont le
jugement n'est pas *précisément sain !*

—

« P. 146, col. 2. Sous la date 1289, au lieu d'un docu-
« ment monétaire, on trouve un passage emprunté au
« Philippe le Bel de M. Boutaric, qui émet une opinion
« sur une question monétaire. »

« P. 148, col. 2. Sous les dates 1293, etc., divers
« passages empruntés encore à M. Boutaric.

« P. 150 et suiv. Même observation etc., etc., etc.

« Quelque part l'éditeur cite un mémoire du même
« savant (E. Boutaric), qui fut publié dans le recueil
« connu sous le nom de *Notices et extraits des manus-*
« *crits,* etc., que publie l'acad. des Ins. et B. L. ; mais il
« le cite trop brièvement pour les lecteurs qui consulte-
« raient son livre, sans être versés dans les usages de
« l'érudition, et il y en a beaucoup dans ce cas. Il fallait
« penser à eux. »

Voilà une tirade sentimentale qui n'a pas le mérite

de m'émouvoir fortement ; j'en fais fort peu de cas, vu qu'elle ne signifie rien. *Sunt verba et voces*, etc. Quant au fond, cela équivaut à zéro.

Si j'ai cité le plus souvent que j'ai pu les beaux travaux de feu Boutaric, c'est que je tenais cet écrivain pour une autorité. Cela ne vous plaît pas, et ce que j'ai emprunté aux livres de Boutaric constitue un tas de hors-d'œuvre, — pour vous, bon ! pour moi, non ! Est-ce que, par hasard, l'un des arcanes de la science paléographique consisterait à décrier les œuvres d'autrui, même celles de ses amis ? Oh ! alors, moins que jamais je regretterais d'avoir laissé ces arcanes-là à leurs légitimes propriétaires. Du reste, je dois déclarer que je suis incapable de deviner à propos de quoi vient la mention d'un mémoire de Boutaric, inséré au Recueil des extraits et notices des manuscrits, vu que je n'ai jamais songé à consulter ce mémoire, à propos duquel on m'adresse la tirade qu'on a lue plus haut. J'ai pris, les tenant pour excellents, tous les renseignements monétaires insérés dans l'Alphonse et le Philippe le Bel de ce savant si regretté. Il est vrai qu'on n'a pas osé qualifier de hors-d'œuvre ce que j'avais tiré de l'Alphonse ; on a réservé cette qualification méprisante pour ce que j'ai emprunté au Philippe le Bel;

Passons !

—

« Page 154, colonne 1. 1300 à 1304.

« Au lieu d'un document, on trouve la description « d'une monnaie avec renvoi à des ouvrages de numisma-

« tique, et citation de l'avis d'un marchand de médailles,
« sur un détail de la description de cette monnaie. Ceci
« (écrivez *cela*, si vous voulez bien) serait fort bien dans
« une dissertation de là Rev. numismatique ; mais c'est
« un hors-d'œuvre dans un *recueil* de documents moné-
« saires. »

Voyons, mon honorable et honoré critique, qu'est-ce
qu'un document ? Tout simplement ce qui apprend
quelque chose qu'on ne savait pas. Or, lorsque Philippe
le Bel eut envahi la Flandre, il y frappa des monnaies
à son nom. D'où le savons-nous ? De l'existence du gros
tournois, frappé dans le faubourg de la Mude, à Gand.
Et cela n'est pas un document ? Allons donc ! vous n'y
pensez pas. Cette rarissime monnaie, je ne l'ai jamais
vue, ni vous non plus certainement. N'importe qui me
donne un renseignement précieux sur le type de cette
monnaie ; et il se trouve que ce renseignement vient à
l'appui de l'opinion d'un numismatiste qui a cherché à
établir que les gros tournois à l'X cantonné de 4 points,
ont été frappés à Lille, par Philippe le Bel. Et vous
trouvez que la constatation de ce fait est un hors-
d'œuvre ? Et vous citez dédaigneusement le marchand
de médailles qui m'a fourni ce renseignement, sans
vous douter que ce modeste marchand est peut-être
l'homme qui connaît le mieux la numismatique flamande.
Décidément, vous avez bien des choses à apprendre
avant de critiquer *ex professo* les œuvres numisma-
tiques d'autrui.

« P. 159. col. 2. 1304. Pas document monétaire. Pas-
« sage de M. Boutaric, comme il y en a tant d'autres. »

Quel drôle de français : *Passage de M. Boutaric!!*
Ainsi, la prohibition permanente de l'importation des
monnaies étrangères, n'est pas pour vous un document
de l'histoire monétaire d'un pays ! A votre aise.

—

« P. 156. 1306. 2 des Ides de mai. C'est un document
« historique qui allait surtout à l'histoire financière ; mais
« qui n'a rien de monétaire — hors-d'œuvre pris à M. Bou-
« taric. En tout cas, il aurait fallu donner le quantième
« qui répond à la date de la supputation romaine. C'est,
« je crois, *le 15* (Biffé et corrigé d'une autre main) le
« 14 de mai. »

Il paraît que mon critique n'était pas très ferré sur la
supputation romaine, puisqu'il écrivait que le 2 des Ides
de mai était à ce qu'il *croyait le 15 mai*, et qu'une main
amie a corrigé en « le 14 de mai. »
Il s'agit de la concession faite par le Pape Benoît XI à
Philippe le Bel, du dixième du revenu annuel du clergé
de France. Ce fait ne se rattache-t-il pas étroitement aux
dures nécessités financières par lesquelles le Roi se trouvait
étranglé, et qui le forcèrent de recourir à l'altération des
monnaies, altération toute légale, mais qui n'en devait
pas moins entraîner les résultats les plus désastreux ? Je
ne m'arrêterai pas plus longtemps à ce grief sans valeur.

—

« P. 160. col. 1.1304. 15 juin. Ce n'est pas un docu-
« ment, c'est un passage donné comme de Leblanc, d'après
« Magloire d'Herouval. Or, Vion ou Vyon d'Herouval se
« nommait Antoine. Leblanc, p. 188, cite en marge, non
« pas Magloire d'Herouval, mais S. Magloire d'Herouval,
« ce qui doit s'entendre d'un document communiqué par
« d'Hérouval. »

« Vion d'Hérouval, auditeur des cptes *(sic)*, mort à
« Paris, âgé de .82 ans, en 1689, recherchait les do-
« cuments avec zèle et sagacité, et les communiquait
« aux savants. »

Cette fois, je fais amende honorable. Je n'ai pas cor-
rectement reproduit l'assertion de Leblanc. *Meâ culpâ,
meâ maximâ culpâ.* De plus, je n'ai pas eu la fantaisie
de faire de l'érudition, à l'aide d'un dictionnaire biblio-
graphique quelconque ; c'est très vrai : et le reproche
serait bien mérité si, à la page 473, sous la date du
4 décembre 1361, je n'avais écrit tout au long :

« Cette pièce, dont la copie avait été donnée par
« Vion d'Herouval à Hay du Chatelet, etc... »

Donc, il y a là ce qu'on appelle une coquille d'une
bonne force, je le confesse, mais qui ne prouve pas le
moins du monde que je ne connaisse pas l'existence de
Vion d'Herouval. C'était l'affaire d'un *erratum* et rien
de plus, ô mon honoré critique. Il n'y a que ceux qui
n'impriment pas grand'chose, qui ne commettent jamais
de ces coquilles-là.

De plus, vous commencez par dire : « Ce n'est pas un
document. » — Je lis et je trouve ceci : 1304 (15 juin).

Dans un titre de cette date, Philippe promet de « faire
« commencer la bonne monnaie à la fête de la Tous-
« saint prochaine, en sorte qu'elle aurait cours aux
« fêtes de Pâques suivant. »

Alors, qu'appelez-vous un document, s'il vous plaît ?

—

« P. 248, col. 1. 1346. 13 juin. 1ʳᵉ citation à cette
« date. — Ce n'est pas un document.
« Col 2. 17 juillet, même observation. » ·

Eh bien ! mon honoré critique, votre observation a la
même valeur dans le premier cas que dans le second ;
car dans ces prétendus pseudo-documents, il est question
du prix du marc d'or au 13 juin 1346, au 17 juillet, et
au 24 février 1346. Que cela ne vous intéresse guère,
je vous le concède aisément, mais que cela n'intéresse
pas l'histoire de nos monnaies nationales, je vous le nie
expressément.

Où aviez-vous donc l'esprit, quand vous avez eu l'idée
saugrenue d'écrire qu'il n'y avait pas un documunt monétaire dans la citation suivante :

1346 (17 juillet).

Le 17 juillet 1346 fut fait l'ouvrage qui ensuyt :
chaises d'or fin, de 3 d. 16 grains de poids, au feur de
52 pièces au marc, ayant cours pour 20 sols pièce. —
Marc d'or fin 50 livres.

Vraiment, c'est trop fort !

—

« P. 479. 1363. 3 janv. — Le roi Jean. — Rien de
« monétaire. »

D'accord, mais la citation dont il s'agit me donne la date de la mort du roi Jean, et par conséquent de la fin de son règne. Vous auriez donc préféré qu'il ne fût pas question des dates de l'avènement au trône et de la mort des rois auxquels se rapportaient les documents de toute nature que j'ai recueillis, parce qu'il m'a plu de le faire, dans l'intérêt du livre dont j'avais conçu le plan, sans vous consulter. Pardonnez la liberté grande !

—

Quelque fastidieux que soit le travail auquel je me livre, je me dois à moi-même de le conduire jusqu'au bout, et je poursuis :

« Paragraphe 10.

« § 10. 7 p.

« 21 à 27.

« Lectures fautives ou douteuses et fautes d'impression « non corrigées. »

« P. 212, col. 2, ligne 4. Ord. 21 mars 1328. *Jusqu'à* « *Noël*. Ne faut-il pas : *après Noël?* »

D'abord, c'est à la ligne 11 qu'il faut renvoyer et non à la ligne 4.

L'une des leçons vaut l'autre, puisque le cours des monnaies d'argent ne doit être modifié qu'après Pâques. En tout cas, s'il y avait erreur, ce qui n'est pas, vous devriez vous en prendre au Recueil des ordonnances (T. II, p. 27.), et non à moi qui l'ai copié.

—

« P. 219, col. 2. Ord. du 1ᵉʳ janvier 1336, ligne 10
« au-dessus du marc.

« Le texte dont s'est servi l'éditeur lui a paru fautif,
« car il a mis le signe de doute.

« Ne serait-ce pas : *au-dessusdict marc ?* »

Votre correction n'est pas heureuse, car elle est incompréhensible.

Ce texte a été pris sur la copie déposée aux archives de la monnaie de Paris, et tiré du mémorial de la chambre des comptes, Reg. B, f° 105 r°. — Il est reproduit tout aussi incorrectement au Recueil des ordonnances, tome VI, 1.

Mon signe de doute était placé là pour dire que ce texte était inintelligible pour moi. Je n'y ai rien compris, ni vous non plus, ne vous déplaise. « Parmy ce seront « toutes nos monnoyes d'or blanches et noires éva- « luées 18ᵐᵉˢ. » Ce chiffre est absurde, je m'empresse de vous l'apprendre, puisque vous me forcez à discuter, quand je n'en avais pas encore envie, les chiffres des copies, manuscrites ou imprimées, que j'ai voulu utiliser telles quelles. Avec l'arithmétique d'un écolier de sixième, vous auriez vu que 4 livres 10 sols, prix du marc d'argent le Roi, était au prix, 54 livres, du marc d'or fin, comme 1 est à 12, et que, par conséquent, c'était « évaluées 12ᵐᵉˢ » au lieu de 18ᵐᵉˢ, qu'il fallait. Il est vrai que, pour trouver cela, on devait savoir se tirer d'affaire avec la numération duodécimale, et peut-être n'êtes-vous pas de première force en ce genre de calcul.

Quant aux mots « au-dessus du marc » aussi bien

que « au-dessus dict marc », biffez-les comme inutiles, et alors ce texte boiteux clochera moins.

—

« P. 127, col. 2, ligne 5, en remontant.
« Après *Ascurias* il faut sans doute Asnerias. »

D'abord, ce n'est pas Ascurias qui est imprimé, mais Asucrias. J'ai emprunté ce texte au livre de Boutaric, p. 186. Si cet auteur n'a pas pu se décider à envoyer, en 1251, le comte Alphonse de Toulouse à Asnières, il a eu probablement de bonnes raisons pour cela. Vous en avez sans doute d'excellentes pour le faire, dites-nous-les bien vite, et vous nous rendrez service. J'ai laissé Asucrias, comme l'a fait Boutaric, et je ne saurais le regretter.

—

« P. 127. *(Triginta monetas monetæ Stampensis.)*
« Ceci (écrivez toujours *cela*, je vous en prie !) de-
« mandait une observation. »

Vous me reprochez, sans compter, mes fautes de transcription : c'est parfait ; mais vous ne prêchez pas d'exemple. Comment avez-vous écrit *Triginta monetas* au lieu de *Triginta libras* ? Vous qui relevez si vertement les petites peccadilles de votre prochain, vous en écrivez de ce calibre-là ! Oh ! que c'est affligeant !

A propos de ce texte, vous vouliez une observation élémentaire ; c'est fait.

—

« P. 147, col. 1. 1289. A deux reprises *prount ;* il
« fallait *pront ?* En tout cas c'est pour *prononciatum.*

« D'ailleurs mieux valait, on l'a déjà dit, ne pas abréger
« dans ces transcriptions : on ne reproduit pas les abré-
« viations. »

Il y a ici plusieurs petits points à examiner sépa-
rément. D'abord le texte tiré du registre entre deux
ais (Arch. nat. Reg. Z. 1ᴮ 54, f° 15 r°, porte *prouut*
les deux fois ; j'avais, tout aussi bien que vous, deviné
que cela représentait le mot *pronunciatum* (et non le
barbarisme *prononciatum* qui est de votre cru). Peut-
être ne savez-vous pas que dans les écritures du
XVᵉ siècle, l'U et le N se confondent si bien, qu'il est
parfois impossible de décider entre ces deux lettres.
Ici le choix n'était pas difficile, et pourtant j'ai par deux
fois laissé imprimer *prount* au lieu de *pronut,* sans
m'apercevoir de ce crime irrémissible. Dans les transcriptions, on ne reproduit pas les abréviations, dites-
vous : très bien ; voilà donc dévoilé un des arcanes que
je n'avais pas dérobés aux adeptes de la science paléographique. Je ne m'en consolerai jamais ! Et pourtant,
pour cela encore, je mourrai dans l'impénitence finale.

Permettez-moi, en échange de votre obligeant conseil, de vous en offrir timidement un tout petit : Étudiez
et apprenez l'orthographe du latin ; ce ne sera pas de
luxe.

———

« P. 160. V §. Hors-d'œuvre. Magloire d'Herouval,
« cité pour saint Magloire. d'Herouval. »

Ce passage est un véritable revolver ! Déjà vous

m'aviez une fois tiré dessus avec cette arme terrible,
et vous recommencez! Vous êtes donc bien cruel et
bien déterminé à me fusiller! Grâce! hein!

—

« P. 229, col. 1. ord. du 29 janvier 1329, ligne 12.
« 8 marcs fin. — L'éditeur a pensé qu'il fallait lire le
« marc d'or fin. Il faut vérifier sur l'original, s'il existe
« aux arch. nat. Ne faut-il pas lire: *un marc d'or fin ?* »

Le « s'il existe » est prudent. J'ai tiré cela du Recueil
des ordonnances, tome II, p. 138, et des archives de la
monnaie de Paris. Cherchez et trouvez mieux ; je le désire
bien sincèrement.

Si vous aviez pu et su faire le calcul nécessité par ce
passage ; en un mot, si vous l'aviez compris, ce passage,
vous auriez immédiatement vu qu'il fallait lire : le marc
d'or fin, au lieu de 8 marcs d'or fin. Je ne m'étais pas
préoccupé de faire ce calcul ; c'est pour cela que j'ai mis
un signe de doute à ma correction. Aujourd'hui que
j'ai effectué ce calcul, je supprime le signe de doute,
voilà tout. Votre hypothèse: un marc d'or fin, n'a qu'un
avantage, c'est de rendre la phrase archiboiteuse. Res-
tituez donc, si vous le voulez bien: « C'est à sçavoir que
« un marc d'or fin vaudra et courera pour 12 marcs
« d'argent, et ainsi, parmy ce, toutes nos monnoyes
« blanches et noires, évaluées *douzièmement* et courant
« le marc d'argent le Roy, au-dessus dict marc de Paris,
« pour 7 liv. 10 s. tournois et le marc d'or fin pour 90
« livres tournois. »

—

« P. 230. col. 2, ord. du 14 avril 1339, dernière ligne.
« 60 s. t. Ne faut-il pas lire 60 gr. t. ?

  « Sur l'original, on lisait peut-être après : et notre
« monnaie d'or fin sur le pied de 12 marcs argent le
« Roi. »

Cher Monsieur, à quoi bon changer 60 *sols* tournois,
en soixante *gros* tournois ? Ignoreriez-vous, par hasard,
que *sol* tournois et *gros* tournois, c'est la même chose ?
Ce serait piquant ! Eh bien ! avouez que vous en avez
bien l'air !

Quant à la deuxième partie de votre note, d'où cela
sort-il ? Je ne saurais le deviner, à moins que vous, qui
découvrez si adroitement le désordre qui règne dans les
écrits de votre prochain, vous n'ayez ajouté à la fin de
la note relative à la page 230, ce que vous vous figuriez
devoir mettre à la fin de la note relative à la page 229.

—

« Page 235, col. 2. Ord. du 27 janvier 1340, ligne 8. —
« 40 liv. N'est-ce pas 10 liv. qu'il faut lire ? »

Dans ce texte emprunté au Recueil des ordonnances,
Tome VI, p. 9, et aux archives de la monnaie de Paris,
tous les chiffres sont merveilleusement incorrects. Il
s'agit encore de constater le rapport de 1 à 12 entre les
valeurs du marc d'or et du marc d'argent. Les monnaies
blanches et noires seront sur le pied 42e, mais non
pas évaluées 42mes, mais bien 12mes. Pour cela faire, le
marc d'argent le Roi valant 10 liv. 10 sols, le marc d'or

fin vaudra 126 liv., sans augmentation de la fraction de 5 sols tournois, fautivement ajoutée dans le texte. En effet, douze fois 10 liv. 10 sols font 126 liv. tout juste.

—

« P. 236, col. 1. Même ord. que dessus, ligne 2. « *Pour le prix dessus dict,* ne faut-il pas lire *pour le* « *poids* etc. »

Pas le moins du monde. Il s'agit du prix attribué à chacune des monnaies nouvellement créées (soit 15 deniers tournois, ou 12 deniers parisis, pour le gros, et 2 deniers parisis pour les doubles parisis noirs, créés par l'ordonnance du 27 janvier 1340), lorsque le maître particulier, achetant du billon, le payera aux marchands en monnaie nouvelle.

—

« P. 236, col. 1. Ord. du 31 janvier 1340, dernière « ligne : — *Poids* ; n'est-ce pas le *coin* qu'il faut lire ? « On la cite d'après Archives de la monnaie de Paris, « sans autre indication.

« Ce doit être l'ordonnance qu'on peut lire imprimée « dans le Tome VI du Recueil, en tête, dans le supplé-« ment contenant les ordonnances de Philippe de Valois « sur les monnaies; on lit à la fin : toutes fois sans « changer la loy, ni les coings d'icelles. »

« La copie des archives de la monnaie de Paris est « sans doute fautive et porte poids au lieu de coings. »

Cette remarque est un peu naïve, permettez-moi de vous le dire, Monsieur le Rapporteur. Il s'agit de donner

à la Chambre des comptes le droit d'augmenter ou
d'abaisser le prix courant des monnaies naguère ordon-
nées (1), conservant naturellement les types qui leur
ont été attribués, sans rien changer aux éléments cons-
titutifs réels de ces monnaies, c'est-à-dire leur *titre* et
leur *poids*. Leur *coin* n'a rien à voir en cette affaire.

—

« P. 269, col. 1, dernière ligne de l'ord. du 6 mai 1369.
« — 13. s. p. ; n'est-ce pas 15 s. p. ? »

D'abord je vous ferai remarquer que c'est 1349 qu'il
faut et non 1369. Oui, c'est bien 15 sols parisis qu'il
faut.

Le « commé paravant » se rapporte à l'ordonnance du
16 mars 1348, où il est dit à la fin, que l'écu, avec lequel
on paiera le billon acheté, sera évalué 18 sols 9 deniers
tournois, ce qui vaut précisément 15 sols parisis.

Il y a donc un chiffre faux dans les textes que j'ai
utilisés, parmi lesquels se trouve le registre journal Z.
1ᴮ 55; fᵒ 55 rᵒ, des archives nationales. Toutefois, il
est fort possible que ma copie ayant été prise aux archives de la monnaie, avant de consulter les registres
originaux des archives nationales, je me sois contenté
de vérifier la teneur générale du texte, sans regarder
suffisamment au chiffre 13, substitué au chiffre 15 par
erreur. En ce cas, meâ culpâ !

—

(1) Ici il y a une faute que j'ai laissé subsister et que vous
n'avez pas vue : au lieu de *avions* (ligne 8), il faut *avons*.

« P. 303, 315 et 333, ⎧ On lit le sire de Reuel,
« col. 2, col. 2, col.   ⎨   M. de Rueil,
                        ⎩   de Reuello. »

J'ai déjà dit que dans l'écriture des XIVe et XVIe siècles, les lettres U, V et N étaient représentées par des linéaments identiques. Mais comment deviner *a priori* quelle est la bonne transcription ? Encore un arcane que je n'ai pas dérobé ! S'il s'agit du même individu, ce que je crois très volontiers, il faut lire

de REUEL

de RUEIL

et de REUELLO

J'accepte très volontiers cette rectification qui, pour moi, d'ailleurs, n'avait aucune espèce d'importance, puisqu'il ne s'agissait pas d'un officier des monnaies ; c'est justement pour cela que je n'ai pas inséré ces trois noms dans la table des noms propres.

La note critique que je viens de transcrire est continuée ainsi qu'il suit :

« Or, à la *table des matières*, noms propres, ces « trois mentions manquent. »

Pourquoi souligner les mots *table des matières?* Est-ce pour faire croire que j'ai écrit cette sottise-là ? J'ai écrit et imprimé *table des noms propres.*

Au 20 avril 1352 (p. 303), je trouve DE REUELLO ; au 5 février 1353 (p. 315), M. DE RUEIL ; et au 7 septembre 1354 (p. 323), le sire DE REUEL.

La mention de Jehan de Rueil, comme membre du

grand conseil (p. 510), est du 19 juin 1370; celle de la page 516, est du 28 mai 1372, et enfin celle de la page 533, qui est du 21 novembre 1374, qualifie notre personnage: général trésorier sur le fait des aydes du Royaume.

—

Je transcris:

« Sous ces trois formes, ne serait-ce pas le conseiller
« du roi Jean de Rueil qui figure à trois endroits que la
« table a recueillis ?

   « P. 510, col. 1, dernière ligne: Jean de Rueil.
   « P. 516, col. 2, ligne 2. —   Jean de Rueil.
   « P. 533, col. 1, ligne 6. —   Sire Jean de Rueil.
                      « Trésorier général.

« Dans ces 6 endroits, ce doit être le même person-
« nage. La plus ancienne (quoi?) des 6 est de 1352, et
« la plus récente, de 1374. »

Je me contenterai de dire que ce peut être le même personnage; mais je ne prendrai pas sur moi d'affirmer que cela doit être.

En définitive, je le répète, comme il ne s'agit pas d'un officier des monnaies, je ne m'en inquiète guère.

—

   « P.   col.   N.-B. (Écrire à Doüet d'Arcq pour
                    « savoir l'endroit).
     « A Bois-sur-Aisne,
     « Il faut: à *Bois-sire-Amé.*
   « *Le Bois-sire-Amé*, 180 h. (est-ce hectares?)
      « commune de Vorly (Cher).

« On a perdu l'indication de la page où figure la pièce
« donnée à *Bois-sire-Amé?* Si la table contenait tous les
« noms de lieu, on l'aurait facilement retrouvée. »

M. de la Palisse n'aurait pas dit mieux! Est-ce que
Bois-sire-Amé, que je ne connais pas mieux que Bois-
sur-Aisne, a été un atelier monétaire? — Non! — Quel
est l'intitulé de la table des noms de lieu? — Table
des ateliers monétaires. — Eh bien alors! laissez-moi
tranquille avec votre *Bois-sire-Amé!*

Le *nota bene* mentionnant la nécessité d'écrire à
M. Douët d'Arcq pour savoir de lui à quelle page se
trouve la pièce contenant le nom de Bois-sire-Amé,
a l'avantage de me faire savoir que l'on s'est mis au
moins à deux, pour éplucher mon livre. C'est beaucoup
d'honneur qu'on lui a fait.

Il ne fallait pas aller bien loin dans le volume, pour
retrouver l'indication perdue. C'est à la page 68 que se
trouve l'extrait du folio 90, rº et vº du Registre *entre
deux ais,* contenant deux fois l'indication mal lue
par moi, je le veux bien, du nom de lieu Boys-sur-
Aine qu'il fallait transcrire Boys-sire-Amé. Quant au
Rapporteur, s'il avait pris la peine de me copier fidèlement
de son côté, il ne m'aurait pas fait dire *Bois-sur-Aisne,*
au lieu de *Boys-sur-Aine ;* mais il paraît que pour ces
Messieurs, l'incorrection n'est blâmable que lorsqu'elle
est commise par le prochain.

« Paragraphe 11   2. p.

« 28 et 29.

« *Pièces fausses.*

« § 2.   P. 115. 116. 118.

« Ordonnances de Philippe-Auguste.

« P. 115, 116 et 118, sous la date de 1180, 28 avril 1190,
« 20 octobre 1213, sont fausses. On y reconnaît l'exposé
« de traditions ayant eu cours à la cour des monnaies,
« aux XVe, XVIe et XVIIe siècles, et que les observa-
« tions faites sur les monuments authentiques n'ont pas
« justifiées jusqu'à présent.

« P. 118. Ordon. de 1211 (citée en extrait d'après
« Leblanc), concernant le salaire des monnayers et con-
« firmant leurs privilèges ; cette ord. est fausse ; elle a
« été fabriquée au temps de Philippe le Bel, dans l'intérêt
« de la corporation.

« Voyez dans l'ouvrage de M. Léopold Delisle, intitulé .
« *Catalogue des actes de Philippe-Auguste* (publié en
« 1856, un vol in-8°) :

« Introduction :

« 1° P. LXIII, la fausseté du document est dénoncée.

« 2° Page XCVI. La fausseté est démontrée par les
« règles de la diplomatique.

« Dans le catalogue même, p. 302, l'acte est cité
« comme faux. »

Je vous demande un peu, M. le Rapporteur, ce que
cela peut bien me faire, à moi qui ai voulu écrire un
livre pour les numismatistes ?

L'acte est faux et condamné comme tel par M. Delisle,

à l'aide des règles de la diplomatique : j'en suis enchanté ;
mais encore une fois, qu'est-ce que cela me fait ?

Il a été inventé sous Philippe le Bel, dites-vous ?

A la page 115 que vous citez d'abord, je n'ai donné
qu'un extrait du Ms. Fr. 5524 et du registre de Lautier.
Il ne s'agit donc pas là d'un acte faux, mais bien d'une
assertion de numismatiste sujette à caution.

Même observation pour les citations de la page 116,
et de la page 118.

Quant à l'ordonnance de 1211, extraite de Leblanc,
elle est fausse, je le veux bien. Mais cent ans après sa
date fausse, on a pu la faire passer pour bonne, à
la cour des monnaies. C'est tout ce que j'en veux dire.
Je suis loin, très loin de combattre la valeur d'un jugement de M. Delisle ; mais comme je tenais à donner le
recueil le plus complet possible des documents, même
véreux, utilisés par les numismatistes mes devanciers,
je n'ai pas pu passer sous silence celui que l'on incri-
mine à juste titre, je le veux bien.

—

« P. 125, col. 2. Le document relatif aux monnaies
« frappées au nom de la reine Blanche, est faux.

« Leblanc d'ailleurs ne croyait pas à l'authenticité
« des pièces de la reine B. dont, de son temps, une
« des deux variétés existait déjà à la bibl. du Roi. »

Vous dites un peu à la légère, je vous l'affirme, que le
document de la page 125 est faux. Il y a non pas un,
mais une série nombreuse de documents officiels qui

prouvent que les *Reines d'or* ont existé. Il serait trop
commode de déclarer faux un document concernant une
monnaie, parce qu'on n'a pas encore retrouvé cette monnaie. On pourrait citer un grand nombre de documents de
cette nature, parfaitement authentiques, et qui indiquent
formellement l'existence de monnaies qu'on retrouvera
certainement quelque jour. Quant au jugement de Leblanc, j'en fais bon marché. N'a-t-il pas eu l'idée saugrenue d'attribuer à Jean Ier Posthume, une belle pièce d'or,
que le cabinet de France possède seul, et qui correspond
à merveille à une ordonnance monétaire de Jean-le-Bon?

L'exemplaire de la *Reine d'or,* qui se voit dans les
tiroirs du Cabinet de France, est manifestement
moderne; c'est-à-dire qu'il a été fabriqué au temps
même où Leblanc publiait son traité des monnaies
de France. Dites que le document dont il s'agit, et qui
est tiré des manuscrits que Haultin et Leblanc ont mis
à contribution, est suspect quant à la date, je le veux
bien; mais ne hasardez rien de plus, ce sera prudent.

—

« Page 126, col. 2. Il en est de même de ce document
« qui parle de la couronne d'épines. »

C'est-à-dire qu'il peut être considéré comme suspect,
puisqu'il est tiré de la même source : mais si la date
est fausse, l'existence des pièces qu'il concerne est hors
de doute. Le *Regalis Aureus,* dans l'authenticité duquel
je n'ai pas une confiance absolue, a été acquis au Cabinet
des Médailles, à un prix extrêmement élevé, et cela
depuis peu d'années. S'il était faux, cela ne ferait pas

honneur à ceux qui en ont décidé l'acquisition. —
La seconde pièce, le gros Tournois à l'étoile sous
la 7ᵉ fleur de lis de la bordure, est dans toutes les col-
lections ; si vous ne le saviez pas, je me fais un
véritable plaisir de vous l'apprendre.

—

« P. 127, col. 2. Ord. du 10 mai 1249. Pièce fausse. »

Je suis de votre avis ; on ne pouvait pas donner le
cours de 11 sols tournois à une monnaie qui n'existait
pas encore ; car le florin de Florence, suivant Villani,
n'a été créé qu'en l'année 1252 ; mais la date peut être
fausse et le fait vrai. — Qui vous dit que cette jolie monnaie, qui a été si goûtée qu'on l'a imitée partout, ne s'est
pas répandue immédiatement en France, et n'a pas été
légitimée au taux indiqué, après ou même en 1252,
c'est-à-dire 18 ans avant la mort de saint Louis ?

J'ai fini ! Et voilà sur quelles remarques importantes
on a résolu de faire disparaître un ouvrage contre lequel
on n'a rien de plus à dire !

Me permettra-t-on de tenir le jugement de MM. les
Membres de la Commission, pour plus véreux que les
pièces qu'ils arguent de faux ? Je l'espère. Ces Messieurs,
sans doute, ne seront pas de cet avis ; mais qu'ils
soient bien assurés que cela m'est absolument in-
différent.

Paris, le 18 mai 1880.

F. DE SAULCY.

PARIS. — IMPRIMERIE DE L'ŒUVRE DE SAINT-PAUL

SOUSSENS ET Cie, 51, rue de Lille.

9 782329 022185